CE CARNET DE CARÊME

appartient

à

. . . .

40 jours au service de Dieu

Je m'engage à ....
pendant ces 40 jours de Carême et je note mon suivi ici..

40 jours au service de Dieu

Je m'engage à ....
pendant ces 40 jours de Carême et je note mon suivi ici..

40 jours au service de Dieu

Je m'engage à ....
pendant ces 40 jours de Carême et je note mon suivi ici..

Mes pensées du jour

Qu'ai-je appris aujourd'hui ?

Ma prière du jour

Mes gratitudes du jour

Mon verset du jour

Mes pensées du jour

Qu'ai-je appris aujourd'hui ?

Ma prière du jour

Mes gratitudes du jour

Mon verset du jour

Mes pensées du jour

Qu'ai-je appris aujourd'hui ?

Ma prière du jour

Mes gratitudes du jour

Mon verset du jour

Mes pensées du jour

Qu'ai-je appris aujourd'hui ?

Ma prière du jour

Mes gratitudes du jour

Mon verset du jour

Date : __ / __ / ____

Mes pensées du jour

Qu'ai-je appris aujourd'hui ?

Ma prière du jour

Mes gratitudes du jour

Mon verset du jour

Mes pensées du jour

. . . .

. . . .

. . . .

. . . .

. . . .

. . . .

Qu'ai-je appris aujourd'hui ?

. . . .

. . . .

. . . .

. . . .

. . . .

. . . .

Ma prière du jour

Mes gratitudes du jour

Mon verset du jour

Date : __ / __ / ____

Mes pensées du jour

Qu'ai-je appris aujourd'hui ?

Ma prière du jour

Mes gratitudes du jour

Mon verset du jour

Date : __ / __ / ____

Mes pensées du jour

Qu'ai-je appris aujourd'hui ?

Ma prière du jour

Mes gratitudes du jour

Mon verset du jour

Date : __ / __ / ____

Mes pensées du jour

Qu'ai-je appris aujourd'hui ?

Ma prière du jour

Mes gratitudes du jour

Mon verset du jour

Date : __ / __ / ____

Ma prière du jour

Mes gratitudes du jour

Mon verset du jour

Date : __ / __ / ____

Mes pensées du jour

Qu'ai-je appris aujourd'hui ?

Ma prière du jour

Mes gratitudes du jour

Mon verset du jour

Mes pensées du jour

Qu'ai-je appris aujourd'hui ?

Ma prière du jour

Mes gratitudes du jour

Mon verset du jour

Mes pensées du jour

Qu'ai-je appris aujourd'hui ?

Ma prière du jour

Mes gratitudes du jour

**Mon verset du jour

Mes pensées du jour

Qu'ai-je appris aujourd'hui ?

Ma prière du jour

Mes gratitudes du jour

Mon verset du jour

Mes pensées du jour

Qu'ai-je appris aujourd'hui ?

Ma prière du jour

Mes gratitudes du jour

Mon verset du jour

Mes pensées du jour

Qu'ai-je appris aujourd'hui ?

Ma prière du jour

Mes gratitudes du jour

Mon verset du jour

Mes pensées du jour

Qu'ai-je appris aujourd'hui ?

Ma prière du jour

Mes gratitudes du jour

Mon verset du jour

Mes pensées du jour

Qu'ai-je appris aujourd'hui ?

Ma prière du jour

Mes gratitudes du jour

Mon verset du jour

Mes pensées du jour

Qu'ai-je appris aujourd'hui ?

Ma prière du jour

Mes gratitudes du jour

Mon verset du jour

Mes pensées du jour

Qu'ai-je appris aujourd'hui ?

Ma prière du jour

Mes gratitudes du jour

Mon verset du jour

Mes pensées du jour

Qu'ai-je appris aujourd'hui ?

Ma prière du jour

Mes gratitudes du jour

Mon verset du jour

Mes pensées du jour

Qu'ai-je appris aujourd'hui ?

Ma prière du jour

Mes gratitudes du jour

Mon verset du jour

Mes pensées du jour

Qu'ai-je appris aujourd'hui ?

Ma prière du jour

Mes gratitudes du jour

Mon verset du jour

Mes pensées du jour

Qu'ai-je appris aujourd'hui ?

Ma prière du jour

Mes gratitudes du jour

Mon verset du jour

Mes pensées du jour

Qu'ai-je appris aujourd'hui ?

Ma prière du jour

Mes gratitudes du jour

Mon verset du jour

Mes pensées du jour

Qu'ai-je appris aujourd'hui ?

Ma prière du jour

Mes gratitudes du jour

Mon verset du jour

Mes pensées du jour

Qu'ai-je appris aujourd'hui ?

Ma prière du jour

Mes gratitudes du jour

Mon verset du jour

Mes pensées du jour

Qu'ai-je appris aujourd'hui ?

Ma prière du jour

Mes gratitudes du jour

Mon verset du jour

Mes pensées du jour

Qu'ai-je appris aujourd'hui ?

Ma prière du jour

Mes gratitudes du jour

Mon verset du jour

Mes pensées du jour

Qu'ai-je appris aujourd'hui ?

Ma prière du jour

Mes gratitudes du jour

Mon verset du jour

Mes pensées du jour

Qu'ai-je appris aujourd'hui ?

Ma prière du jour

Mes gratitudes du jour

Mon verset du jour

Date : __ / __ / ____

Mes pensées du jour

Qu'ai-je appris aujourd'hui ?

Ma prière du jour

Mes gratitudes du jour

Mon verset du jour

Mes pensées du jour

Qu'ai-je appris aujourd'hui ?

Ma prière du jour

Mes gratitudes du jour

Mon verset du jour

Mes pensées du jour

Qu'ai-je appris aujourd'hui ?

Ma prière du jour

Mes gratitudes du jour

Mon verset du jour

Mes pensées du jour

Qu'ai-je appris aujourd'hui ?

Ma prière du jour

Mes gratitudes du jour

Mon verset du jour

Mes pensées du jour

Qu'ai-je appris aujourd'hui ?

Ma prière du jour

Mes gratitudes du jour

Mon verset du jour

Date : __ / __ / ____

Mes pensées du jour

Qu'ai-je appris aujourd'hui ?

Ma prière du jour

Mes gratitudes du jour

Mon verset du jour

Date : __ / __ / ____

Mes pensées du jour

Qu'ai-je appris aujourd'hui ?

Ma prière du jour

Mes gratitudes du jour

Mon verset du jour

Mes pensées du jour

Qu'ai-je appris aujourd'hui ?

Ma prière du jour

Mes gratitudes du jour

Mon verset du jour

Mes pensées du jour

Qu'ai-je appris aujourd'hui ?

Ma prière du jour

Mes gratitudes du jour

Mon verset du jour

Mes pensées du jour

Qu'ai-je appris aujourd'hui ?

Ma prière du jour

Mes gratitudes du jour

Mon verset du jour

Mes pensées du jour

Qu'ai-je appris aujourd'hui ?

Ma prière du jour

Mes gratitudes du jour

Mon verset du jour

Mes pensées du jour

Qu'ai-je appris aujourd'hui ?

Ma prière du jour

- -

- -

- -

- -

- -

- -

Mes gratitudes du jour

- -

- -

- -

- -

- -

- -

Mon verset du jour

Date : __ / __ / ____

Mes pensées du jour

Qu'ai-je appris aujourd'hui ?

Ma prière du jour

Mes gratitudes du jour

Mon verset du jour

Date : __ / __ / ____

Mes pensées du jour

Qu'ai-je appris aujourd'hui ?

Ma prière du jour

Mes gratitudes du jour

Mon verset du jour

Mes pensées du jour

Qu'ai-je appris aujourd'hui ?

Ma prière du jour

Mes gratitudes du jour

Mon verset du jour

Mes pensées du jour

Qu'ai-je appris aujourd'hui ?

Ma prière du jour

Mes gratitudes du jour

Mon verset du jour

Nous te remercions cher(e) Ami(e)
d'avoir permis à ce carnet
d'être ton compagnon du route durant cette
période de Carême.

Nous espérons te retrouver l'année prochaine.

Que notre Père te bénisse